100 recettes de grand-mère

Bocaux

confitures et conserves

Auteurs :
p. 8-9 : Stéphanie Ellin – p. 10-11, p. 12-13, p. 14-15, p. 16-17, p. 18-19, p. 20-21, p. 22-23, p. 24-25, p. 26-27, p. 32-33, p. 34-35, p. 36-37, p. 38-39, p. 40-41, p. 42-43, p. 44-45, p. 46-47, p. 48-49, p. 50-51, p. 56-57, p. 60-61, p. 62-63, p. 64-65, p. 66-67, p. 68-69, p. 70-71, p. 72-73, p. 74-75, p. 80-81, p. 82-83, p. 84-85, p. 86-87, p. 88-89, p. 90-91, p. 92-93, p. 94-95, p. 96-97, p. 104-105, p. 110-111 : Publicimo © Lenivitz production / Irina Sarnavska – p. 28-29(1-2-3-4), p. 30-31(1-2-3-4), p. 52-53(1-2-3-4), p. 54-55(1-2-3-4), p. 76-77(1-2-3-4), p. 78-79(4), p. 100-101(3-4), p. 102-103(1-2-3-4), p. 120-121(1-2-4), p. 122-123(1-2-3), p. 124-125(2-3), p. 128-129(1-2-3-4) : Publicimo – p. 58-59 : Annabel Padilla – p. 78-79(1-2-3), p. 100-101(1-2), p. 120-121(3), p. 122-123(4), p. 124-125(1-4), p. 126-127(1-2-3-4) : MMP – p. 98-99, p. 106-107, p. 108-109, p. 112-113, p. 114-115, p. 116-117, p. 118-119 : Sylvie Aït-Ali

EDITIONS ESI

60, rue Vitruve, 75020 Paris

Dépôt légal : février 2012 - Achevé d'imprimer : janvier 2012
ISBN : 978-2-35355-873-5 – N° Sofédis : S481228

Sommaire

Antipasto à l'aubergine

Préparation : 15 minutes • Repos : 1 heure • Cuisson : 20 minutes • Difficulté : ★ Budget : ★

Pour 4 à 6 personnes

- 3 aubergines
- 2 gousses d'ail
- ½ botte de basilic
- 1 cuil. à soupe de vinaigre de Xérès
- Huile d'olive
- Sel
- Fleur de sel et poivre du moulin

Lavez les aubergines, découpez-les en quatre dans le sens de la longueur et taillez-les en petits cubes.

Épluchez et dégermez l'ail. Hachez-le finement. Lavez et ciselez le basilic.

Dans une casserole remplie d'eau bouillante salée, versez les dés d'aubergine et faites-les cuire 20 minutes à petite ébullition. Égouttez et placez-les sur du papier absorbant.

Dans un saladier, mélangez les dés d'aubergine avec l'ail et le basilic. Assaisonnez de sel et de poivre puis arrosez de vinaigre de Xérès et d'huile d'olive. Mélangez bien.

Placez la préparation filmée au réfrigérateur 1 heure minimum avant de déguster.

Dressez l'antipasto dans des verrines ou dans un plat creux. Parsemez-les de quelques grains de fleur de sel et de basilic fraîchement ciselé. Servez.

Aubergines et courgettes aux baies

Préparation : 10 minutes • Cuisson : 10 minutes • Difficulté : ★ Budget : ★

Pour 4 personnes

- 1 aubergine (belle)
- 2 courgettes
- 1 cuil. à café de baies roses
- 1 cuil. à café de baies de genièvre
- Origan déshydraté
- 1 piment oiseau
- 75 cl d'huile d'olive
- 75 cl d'huile de tournesol
- Sel

Coupez les aubergines et les courgettes lavées mais non épluchées en gros dés.

Faites-les blanchir 10 minutes dans l'eau bouillante salée. Refroidissez aussitôt et égouttez.

Répartissez les légumes dans les bocaux avec les baies roses, les baies de genièvre et l'origan.

Émincez très finement le piment oiseau. Parsemez sur le contenu des bocaux.

Couvrez avec les deux huiles mélangées. Fermez hermétiquement et conservez dans un endroit frais et sec.

Conseil : utilisez le piment oiseau avec parcimonie. Si vous n'aimez pas les plats épicés, un demi-piment suffit pour la recette.

Betteraves en soupe

Préparation : 15 minutes • Cuisson : 1 heure • Difficulté : ★ Budget : ★

Pour 4 personnes

- 2 betteraves crues (grosses)
- 2 pommes de terre (moyennes)
- 1 cube de bouillon de poule
- 2 cuil. à soupe de crème fraîche épaisse
- Sel et poivre

Coupez les betteraves et les pommes de terre épluchées en dés.

Versez dans une marmite et ajoutez 1 l d'eau et le cube de bouillon de volaille. Laissez cuire 15 minutes.

Mixez la soupe et passez-la au chinois pour qu'elle soit bien lisse.

Ajoutez la crème fraîche, salez et poivrez. Mélangez bien.

Remplissez les bocaux, fermez hermétiquement et laissez stériliser 45 minutes.

Carottes et chou râpés

Préparation : 20 minutes • Cuisson : 2 h 10 • Difficulté : ★ Budget : ★

Pour 4 personnes

- 500 g de carottes
- ½ chou rouge
- 2 cuil. à soupe de vinaigre blanc
- 4 échalotes
- Sel

Râpez les carottes épluchées et émincez très finement le chou.

Faites blanchir chou et carottes 10 minutes dans une saumure d'eau, de sel (15 grammes par litre) et de vinaigre blanc.

Égouttez et conservez la saumure.

Épluchez les échalotes.

Remplissez les bocaux avec les légumes râpés et répartissez les échalotes. Couvrez avec la saumure refroidie.

Stérilisez pendant 2 heures.

Cèpes saveur

Préparation : 20 minutes • Cuisson : 2 h 10 • Difficulté : ★★ Budget : ★

Pour 4 personnes

- 1 kg de cèpes
- 3 cuil. à soupe d'huile
- Sel

Brossez les cèpes ou nettoyez-les avec un torchon (évitez de les laver).

Coupez-les en morceaux assez gros ou séparez juste les pieds des têtes s'ils sont petits.

Faites-les revenir 10 minutes dans 2 cuil. à soupe d'huile chaude, en remuant sans cesse. Salez légèrement. Laissez complètement refroidir.

Disposez les morceaux de cèpe dans les bocaux et arrosez de 1 cuil. à soupe d'huile.

Fermez et stérilisez pendant 2 heures.

Conseil : choisissez une huile neutre (tournesol, colza…) pour ne pas couvrir le goût délicat des cèpes.

Chou en duo

Préparation : 15 minutes • Repos : 24 heures • Difficulté : ★ Budget : ★

Pour 4 personnes

- ½ chou blanc
- ½ chou rouge
- 1 l de vinaigre blanc
- 1 cuil. à soupe de coriandre en grains
- Gros sel

Émincez très finement les choux et rincez-les rapidement.

Mélangez et étalez-les dans le fond d'un plat creux. Recouvrez de gros sel. Filmez et laissez reposer une journée au réfrigérateur.

Rincez abondamment les choux, séchez rapidement avec du papier absorbant et répartissez dans les bocaux.

Couvrez de vinaigre blanc et parsemez de coriandre en grains.

Fermez et conservez dans un endroit frais et sec.

Cocos à l'orientale

Préparation : 30 minutes • Cuisson : 1 heure • Difficulté : ★ Budget : ★

Pour 4 personnes

- 1 kg de haricots coco
- 2 carottes
- 1 bouquet de coriandre
- Sel et poivre

Versez les cocos et les carottes dans une cocotte-minute avec le bouquet de coriandre. Couvrez d'eau froide.

Faites cuire 20 minutes sur feu moyen. Salez et poivrez en fin de cuisson.

Retirez la coriandre. Remplissez les bocaux et stérilisez pendant 40 minutes.

Conseil : vous pouvez ajouter ½ cuil. à café de cumin en poudre en fin de cuisson, avec le sel et le poivre.

Confiture d'oignons

Préparation : 15 minutes • Cuisson : 35 minutes • Difficulté : ★ Budget : ★

Pour 4 personnes

- 1 kg d'oignons
- 2 cuil. à soupe d'huile d'olive
- 1 l de vin rouge
- 250 g de sucre
- Sel et poivre

Émincez finement les oignons épluchés.

Dans une cocotte, faites-les revenir 5 minutes dans l'huile chaude jusqu'à ce qu'ils soient translucides.

Mouillez avec le vin, ajoutez le sucre, salez et poivrez.

Laissez réduire à feu doux 30 minutes. Remplissez les pots. Conservez dans un endroit frais et sec.

Conseil : en fin de cuisson, le vin doit s'être totalement évaporé ; prolongez un peu la cuisson si ce n'est pas le cas.

Cornichons croquants

Préparation : 20 minutes • Repos : 12 heures • Cuisson : 10 minutes • Difficulté : ★ Budget : ★

Pour 4 personnes

- 1 kg de cornichons
- 1 cuil. à soupe de coriandre en grains
- 1 cuil. à soupe de graines de moutarde
- 1 l de vinaigre blanc
- Gros sel

Lavez les cornichons puis faites-les dégorger pendant 12 heures dans une passoire, couverts de gros sel.

Rincez-les et essuyez-les. Disposez-les dans les bocaux.

Répartissez les graines de coriandre et de moutarde dans les bocaux.

Faites chauffer le vinaigre avec 50 cl d'eau et une pincée de gros sel. Arrêtez à ébullition.

Couvrez les cornichons de vinaigre. Fermez les bocaux. Entreposez dans un endroit frais et sec.

Conseil : ainsi préparés, les cornichons resteront croquants et se conserveront parfaitement. Une fois le bocal ouvert, consommez assez rapidement en revanche.

Courge spaghetti, pointe de piment

Préparation : 10 minutes • Cuisson : 2 minutes • Difficulté : ★ Budget : ★

Pour 4 personnes

- 1 courge spaghetti
- 1 piment vert
- 1 l d'huile de tournesol
- Sel

Enlevez la peau de la courge et coupez-la en gros dés.

Égrainez puis émincez finement le piment vert.

Faites blanchir les dés de courge 2 minutes dans l'eau bouillante salée. Égouttez et refroidissez aussitôt.

Mélangez les dés de courge et de piment puis remplissez les bocaux.

Couvrez avec l'huile de tournesol. Entreposez dans un endroit tempéré.

Conseil : quand vous aurez consommé la courge, ne jetez pas l'huile. Elle sera délicieusement aromatisée et servira pour cuisiner.

Carottes râpées au vinaigre

Préparation : 20 minutes • Cuisson : 5 minutes • Difficulté : ★ Budget : ★

Pour 4 personnes

- 500 g de carottes
- 1 botte d'oignons grelots
- 1 cuil. à soupe de poivre en grains
- 1 branche d'estragon
- 1 l de vinaigre

Râpez les carottes pelées et faites-les blanchir 5 minutes. Égouttez et réservez.

Épluchez les oignons grelots. Réservez.

Remplissez les bocaux avec les carottes et les oignons. Répartissez les grains de poivre et l'estragon.

Couvrez de vinaigre. Fermez hermétiquement et conservez dans un endroit tempéré. Laissez reposer au moins 3 semaines avant de consommer.

Chou au vinaigre

Préparation : 15 minutes • Repos : 1 nuit • Difficulté : ★ Budget : ★

Pour 4 personnes

- 1 chou
- 1 cuil. à soupe de poivre en grains
- 4 feuilles de laurier
- 1 l de vinaigre blanc
- Gros sel

Effeuillez le chou et ne conservez que les feuilles tendres.

Enlevez les côtes et émincez les feuilles.

Déposez les feuilles dans un plat creux et couvrez de gros sel. Couvrez avec un papier film et laissez au réfrigérateur jusqu'au lendemain.

Retirez le gros sel et rincez soigneusement le chou.

Répartissez le chou dans les bocaux, ajoutez quelques grains de poivre et le laurier. Couvrez de vinaigre et fermez hermétiquement.

Choux de Bruxelles au naturel

Préparation : 20 minutes • Cuisson : 50 minutes • Difficulté : ★ Budget : ★

Pour 4 personnes

- 1,5 kg de choux de Bruxelles
- 40 g de sel

Lavez soigneusement les choux de Bruxelles en les passant dans plusieurs bains. Ôtez les feuilles extérieures.

Faites blanchir les choux de Bruxelles 5 minutes dans un grand volume d'eau salée, puis mettez-les immédiatement dans de l'eau froide.

Disposez les choux de Bruxelles froids et égouttés dans les bocaux. Couvrez d'eau bouillante et ajoutez 1/2 cuil. à café de sel par bocal. Fermez hermétiquement et laissez stériliser pendant 45 minutes à 100 °C.

Cocos au naturel

Préparation : 30 minutes • Cuisson : 1 h 35 • Difficulté : ★ Budget : ★

Pour 4 personnes

- 1 kg de haricots coco
- Sel

Écossez les haricots et rincez-les.

Portez à ébullition un grand volume d'eau et plongez-y les cocos pendant 5 minutes. Égouttez et refroidissez aussitôt.

Remplissez les bocaux aux trois-quarts et couvrez d'eau additionnée de sel (20 grammes de sel pour 1 litre d'eau).

Fermez hermétiquement et stérilisez pendant 90 minutes.

Coulis tomate et basilic

Préparation : 20 minutes • Cuisson : 2 heures • Difficulté : ★ Budget : ★

Pour 4 personnes

- 1 kg de tomates
- 3 gousses d'ail
- 2 oignons
- 1 bouquet de basilic
- Sel et poivre

Lavez les tomates, coupez-les en quartiers. Hachez l'ail et les oignons épluchés.

Dans une casserole, faites cuire tout doucement les tomates avec l'ail et les oignons hachés et un verre d'eau pendant 1 heure. Salez et poivrez. Effeuillez le basilic et ciselez finement les feuilles. Ajoutez-le à la préparation à mi-cuisson.

Quand le coulis est cuit, passez-le rapidement au blender, puis mettez-le en bocaux. Stérilisez pendant 1 heure.

Compote de fenouil à l'anis

Préparation : 20 minutes • Cuisson : 1 h 30 • Difficulté : ★ Budget : ★

Pour 4 personnes

- 1 kg de fenouil
- 3 cuil. à soupe d'huile d'olive
- 10 cl d'alcool d'anis
- 1 cuil. à soupe de graines de fenouil
- Sel et poivre en grains

Émincez le fenouil paré. Rincez.

Faites chauffer l'huile d'olive dans une grande sauteuse à larges bords. Ajoutez le fenouil et faites revenir 5 minutes.

Déglacez à l'alcool d'anis, ajoutez les graines d'anis, le poivre, le sel. Couvrez d'eau et laissez mijoter 25 minutes.

Remplissez les bocaux et stérilisez pendant 1 heure.

Confiture d'oignons au vinaigre

Préparation : 20 minutes • Cuisson : 50 minutes • Difficulté : ★ Budget : ★

Pour 4 personnes

- 1 kg d'oignons
- 2 cuil. à soupe d'huile d'olive
- 75 cl de vinaigre blanc
- 250 g de sucre
- 25 cl de vinaigre balsamique
- Sel et poivre

Émincez finement les oignons épluchés.

Faites-les revenir dans l'huile chaude et déglacez au vinaigre blanc lorsqu'ils commencent à colorer.

Ajoutez le sucre et le vinaigre balsamique. Salez et poivrez.

Continuez la cuisson à petits bouillons pendant 40 minutes.

Remplissez les pots et retournez-les.

Fonds d'artichauts au naturel

Préparation : 30 minutes • Cuisson : 1 h 55 • Difficulté : ★ Budget : ★★

Pour 4 personnes

- 4 artichauts
- 3 cuil. à soupe de vinaigre
- Le jus de 1 citron
- Sel

Parez les artichauts et faites-les cuire 10 minutes dans de l'eau bouillante salée et vinaigrée.

Laissez refroidir, effeuillez et ôtez le foin.

Faites chauffer de l'eau avec du sel (15 g par litre) et le jus de citron.

Disposez les fonds d'artichauts dans les bocaux et couvrez avec la saumure bouillante. Fermez et stérilisez pendant 1 h 45.

Compote de chou au miel

Préparation : 20 minutes • Cuisson : 1 h 35 • Difficulté : ★ Budget : ★

Pour 4 personnes

- 1 chou rouge
- 3 cuil. à soupe d'huile d'olive
- 30 cl de jus d'orange
- 5 cuil. à soupe de miel
- Sel et poivre

Émincez très finement le chou et rincez-le.

Faites chauffer l'huile dans une sauteuse à larges bords puis faites-y revenir le chou 5 minutes.

Déglacez avec le jus d'orange et baissez le feu. Salez et poivrez. Ajoutez le miel.

Laissez compoter sur feu doux pendant 30 minutes.

Remplissez les bocaux et stérilisez pendant 1 heure.

Conseil : originale, cette recette peut être utilisée en accompagnement ou présentée dans de petites coupelles pour l'apéritif.

Compote de fenouil aux cinq baies

Préparation : 20 minutes • Cuisson : 1 h 30 • Difficulté : ★ Budget : ★

Pour 4 personnes

- 1 kg de fenouil
- 50 cl de bouillon de poule
- 3 cuil. à soupe de sucre
- 1 cuil. à soupe de mélange cinq baies
- Sel et poivre

Émincez finement le fenouil paré. Rincez.

Placez le fenouil dans une casserole et couvrez de bouillon. Ajoutez le sucre et le mélange cinq baies. Salez et poivrez.

Portez à ébullition puis laissez compoter sur feu moyen pendant 30 minutes.

Remplissez de petits bocaux et stérilisez pendant 1 heure.

Conseil : cette compote sera parfaite servie avec un poisson grillé, chaude ou froide.

Courgettes au sel

Préparation : 15 minutes • Cuisson : 30 minutes • Difficulté : ★ Budget : ★

Pour 4 personnes

- 1 kg de courgettes
- Sel

Lavez les courgettes. Enlevez les extrémités et coupez les courgettes en gros tronçons d'égale épaisseur.

Tapissez le fond des bocaux d'un peu de sel puis remplissez-les avec les tronçons de courgettes.

Tassez bien, fermez et mettez au stérilisateur pendant 30 minutes.

Conseil : ainsi préparées les courgettes seront prêtes à cuire. Pensez à varier les coupes (tronçons, rondelles, etc.) selon vos besoins.

Gaspacho tout doux

Préparation : 30 minutes • Cuisson : 1 heure • Macération : 24 heures • Difficulté : ★ Budget : ★

Pour 4 personnes

- 700 g de tomates
- ½ concombre
- 1 poivron vert
- 2 tranches de pain de mie
- 25 cl d'huile d'olive
- 20 cl de jus de citron
- 2 cuil. à soupe de vinaigre balsamique
- Sel et poivre

Pelez et épépinez tous les légumes puis coupez-les en dés.

Coupez le pain de mie en cubes.

Dans un plat creux, mélangez les légumes et le pain de mie. Arrosez d'huile d'olive et de jus de citron. Salez et poivrez.

Couvrez et laissez macérer 24 heures.

Mixez le contenu du plat jusqu'à obtention d'une soupe (si besoin rajoutez un peu d'eau) et ajoutez le vinaigre balsamique.

Versez dans des bocaux ou des bouteilles et procédez au traitement thermique pendant 1 heure.

Haricots beurre au cerfeuil

Préparation : 20 minutes • Cuisson : 2 h 05 • Difficulté : ★ Budget : ★

Pour 4 personnes

- 1 kg de haricots beurre
- 10 cl de jus de citron
- 1 cuil. à soupe de cerfeuil ciselé
- Sel

Équeutez les haricots beurre et coupez-les au besoin pour qu'ils soient d'égale longueur.

Portez à ébullition 2 l d'eau avec le jus de citron et 40 g de sel.

À ébullition, faites blanchir les haricots pendant 5 minutes. Égouttez et refroidissez aussitôt.

Remplissez les bocaux avec les haricots, ajoutez le cerfeuil et couvrez de l'eau de cuisson bien chaude.

Fermez et laissez stériliser 2 heures.

Conseil : plus doux et plus tendres que les haricots verts, les haricots beurre sont appréciés des enfants.

Jus de tomate au basilic

Préparation : 20 minutes • Cuisson : 1 heure • Difficulté : ★ Budget : ★

Pour 4 personnes

- 1 kg de tomates
- 1 bouquet de basilic
- 50 cl de bouillon de volaille
- Sel de céleri
- Poivre du moulin

Coupez les tomates en petits morceaux.

Effeuillez le basilic et hachez grossièrement les feuilles.

Mixez ensemble tomates et basilic puis incorporez petit à petit le bouillon de volaille froid.

Passez le jus au chinois. Assaisonnez avec le sel de céleri et le poivre du moulin.

Versez dans des bouteilles ou des bocaux et stérilisez pendant 1 heure.

Conseil : n'hésitez pas à rajouter du bouillon de volaille si le jus n'est pas assez liquide.

Ketchup au basilic

Préparation : 20 minutes • Cuisson : 1 h 40 • Difficulté : ★ Budget : ★

Pour 4 personnes

- 1 kg de tomates
- 3 cuil. à soupe de sucre roux
- 2 cuil. à soupe de vinaigre balsamique
- 1 bouquet de basilic
- Sel et poivre

Coupez les tomates lavées en dés et hachez-les au mixeur.

Passez les tomates au chinois en pressant bien pour récupérer un maximum de matière.

Versez le jus de tomate dans une casserole. Ajoutez le sucre et le vinaigre. Salez et poivrez généreusement.

Faites réduire la purée de tomates avec le basilic, le sel et le poivre.

Laissez cuire doucement pendant 40 minutes puis versez dans les bocaux.

Stérilisez pendant 1 heure.

Ketchup épicé

Préparation : 20 minutes • Cuisson : 1 h 40 • Difficulté : ★ Budget : ★

Pour 4 personnes

- 1 kg de tomates
- 3 cuil. à soupe de sucre roux
- 2 cuil. à soupe de vinaigre balsamique
- 1 cuil. à café de ras-el-hanout
- 1 cuil. à café de piment doux

Lavez les tomates et coupez-les en morceaux. Puis réduisez en purée au robot.

Versez les tomates dans une casserole avec le sucre, le vinaigre, le ras-el-hanout et le piment doux.

Laissez doucement compoter pendant 40 minutes.

Versez dans les bocaux. Stérilisez pendant 1 heure.

Conseil : si nécessaire rajoutez un peu d'eau en cours de cuisson, les tomates ne doivent pas attacher.

Macédoine mère-grand

Préparation : 40 minutes • Cuisson : 1 h 55 • Difficulté : ★ Budget : ★

Pour 4 personnes

- 4 carottes
- 4 navets
- 500 g de petits pois
- 500 g de haricots verts
- Sel

Épluchez les carottes et les navets, écossez les petits pois et équeutez les haricots verts.

Coupez les légumes en petits dés et en tronçons puis faites-les blanchir 10 minutes dans de l'eau bouillante salée (20 g par litre).

Égouttez, refroidissez et conservez l'eau de cuisson au chaud.

Disposez les légumes dans les bocaux et couvrez de saumure bouillante. Stérilisez pendant 1 h 45.

Conseil : découpez les légumes en dés les plus petits possible. Vous serez récompensé de vos efforts car la macédoine en sera encore meilleure !

Petits pois et oignons

Préparation : 30 minutes • Cuisson : 1 h 25 • Difficulté : ★ Budget : ★

Pour 4 personnes

- 1 kg de petits pois
- 1 botte d'oignons nouveaux
- Sel

Écossez les petits pois et faites-les blanchir 5 minutes dans l'eau bouillante. Égouttez et refroidissez aussitôt.

Parez les oignons nouveaux et réservez.

Préparez une saumure en portant à ébullition de l'eau salée (20 grammes par litre). Conservez au chaud.

Répartissez les petits pois et les oignons dans les bocaux. Arrosez de saumure chaude.

Fermez hermétiquement et stérilisez pendant 1 h 20.

Conseil : utilisez des petits pois extra frais pour cette recette, car ils flétrissent très vite.

Haricots verts au thym

Préparation : 30 minutes • Cuisson : 2 h 10 • Difficulté : ★ Budget : ★

Pour 4 personnes

- 1 kg de haricots verts
- 2 branches de thym
- Sel

Équeutez les haricots verts et enlevez grossièrement les fils. Faites-les blanchir 10 minutes dans l'eau bouillante. Égouttez et réservez.

Réalisez une saumure en portant à ébullition de l'eau salée (20 grammes de sel par litre) avec les branches de thym.

Disposez les haricots verts debout et bien serrés dans les bocaux. Couvrez avec la saumure bouillante. Fermez et stérilisez pendant 2 heures.

Haricots verts et amandes

Préparation : 20 minutes • Cuisson : 2 h 10 • Difficulté : ★ Budget : ★

Pour 4 personnes

- 1 kg de haricots verts
- 150 g d'amandes mondées
- Sel

Équeutez les haricots verts et enlevez les fils.

Portez à ébullition un grand volume d'eau salée (20 g par litre) et plongez-y les haricots verts. Laissez-les cuire 10 minutes puis égouttez-les. Conservez le jus de cuisson.

Mélangez les amandes mondées et les haricots verts puis répartissez dans les bocaux.

Couvrez de saumure chaude, fermez et stérilisez pendant 2 heures.

Haricots verts et tomates

Préparation : 30 minutes • Cuisson : 2 h 12 • Difficulté : ★ Budget : ★

Pour 4 personnes

- 6 tomates
- 1 kg de haricots verts
- Sel

Incisez les tomates et passez-les 2 minutes dans l'eau bouillante. Refroidissez aussitôt et pelez-les. Réservez.

Équeutez les haricots et enlevez les fils. Faites-les blanchir 10 minutes dans l'eau bouillante salée (20 grammes par litre). Égouttez et conservez l'eau de cuisson au chaud.

Disposez les haricots et les tomates pelées bien serrés dans les bocaux. Arrosez d'eau de cuisson. Fermez et stérilisez 2 heures.

Jus tout légumes

Préparation : 20 minutes • Cuisson : 1 h 30 • Difficulté : ★ Budget : ★

Pour 4 personnes

- ½ concombre
- 2 courgettes
- 3 tomates
- 10 feuilles de menthe

Lavez les légumes et coupez-les en morceaux. Dans le bol du robot ou le blender, mixez finement tous les légumes et les feuilles de menthe avec 1,5 litre d'eau.

Passez le jus au chinois pour qu'il soit bien lisse.

Versez dans des bouteilles ou des bocaux et faites stériliser 1 h 30.

Olives en saumure

Préparation : 20 minutes • Difficulté : ★ Budget : ★

Pour 4 personnes

- 1 kg d'olives
- 2 branches de thym
- 4 feuilles de laurier
- 1 cuil. à soupe de graines de fenouil
- Sel

Mettez les olives à tremper dans une bassine pendant 1 semaine en changeant l'eau tous les jours.

Rincez les olives et essuyez-les puis disposez-les dans les bocaux avec le thym et le laurier. Parsemez de graines de fenouil.

Portez à ébullition un grand volume d'eau très salée (100 g de sel par litre).

Couvrez les olives avec la saumure. Fermez et conservez dans un endroit frais et sec au moins 2 mois avant consommation.

Poêlée d'été

Préparation : 20 minutes • Cuisson : 15 minutes • Difficulté : ★ Budget : ★

Pour 4 personnes

- 3 courgettes
- 500 g de haricots verts
- 1 bulbe de fenouil
- 4 cuil. à soupe d'huile d'olive
- Sel et poivre

Coupez les légumes en petits bâtonnets.

Équeutez les haricots verts et coupez-les en tronçons.

Faites chauffer l'huile dans le wok.

Quand l'huile est bien chaude, jetez-y les légumes et laissez cuire 15 minutes en remuant sans cesse. Salez et poivrez.

Laissez refroidir. Remplissez les bocaux ou les boîtes en aluminium et conservez au congélateur.

Potiron au cumin

Préparation : 20 minutes • Cuisson : 1 h 20 • Difficulté : ★ Budget : ★

Pour 4 personnes

- 1 kg de potiron
- 20 cl de lait demi-écrémé
- 1 cuil. à soupe de cumin en poudre
- Sel et poivre

Enlevez la peau et les graines du potiron et coupez la chair en morceaux.

Mettez les cubes de potiron dans une grande casserole et ajoutez le lait, le cumin, du sel et du poivre.

Ajoutez de l'eau pour que les légumes soient juste couverts et laissez cuire 20 minutes.

Mixez la purée et remplissez les bocaux. Stérilisez pendant 1 heure.

Purée toute verte

Préparation : 20 minutes • Cuisson : 1 h 20 • Difficulté : ★ Budget : ★

Pour 4 personnes

- 400 g de haricots verts
- 1 bouquet de brocolis
- 3 courgettes
- 50 cl de bouillon de volaille
- Sel et poivre

Équeutez et effilez les haricots verts. Coupez-les en petits tronçons. Réservez.

Détaillez les brocolis en petits bouquets. Coupez les courgettes en petits dés.

Versez les légumes dans une casserole. Couvrez de bouillon de volaille. Salez et poivrez.

Laissez cuire 20 minutes à petits bouillons puis passez au presse-purée. Vérifiez l'assaisonnement. Mettez en bocaux et stérilisez pendant 1 heure.

Poêlée d'hiver

Préparation : 20 minutes • Cuisson : 15 minutes • Difficulté : ★ Budget : ★

Pour 4 personnes

- 1 kg de courges musquées
- 2 panais
- 2 rutabagas
- 4 cuil. à soupe d'huile d'olive
- 4 cuil. à soupe de persil haché
- Sel et poivre

Pelez les légumes, retirez les pépins. Coupez-les en gros cubes.

Faites chauffer l'huile dans le wok. Quand elle fume, jetez-y les légumes et laissez cuire sur feu vif pendant 15 minutes.

Salez et poivrez. Ajoutez le persil et mélangez bien.

Versez dans des bocaux ou des boîtes en aluminium et conservez au congélateur.

Rillettes de thon aux câpres

Préparation : 5 minutes • Difficulté : ★ Budget : ★

Pour 6 personnes

- 1 boîte de thon au naturel en boîte (190 g)
- Le jus de ½ citron
- 150 g de fromage frais (type Saint Morêt)
- 1 échalote
- 2 cuil. à soupe de ciboulette ciselée
- 2 cuil. à soupe de câpres
- Piment d'Espelette en poudre
- Sel

Émiettez le thon dans un grand bol. Arrosez-le avec le jus de citron, puis ajoutez le Saint Môret, l'échalote coupée en petits morceaux, la ciboulette et les câpres.

Mélangez. Salez légèrement puis ajoutez une pincée de piment d'Espelette.

Servez accompagné de gressins ou de crackers.

Conseil : essayez différentes boîtes de thon (au citron, aux aromates, au basilic) pour réaliser d'autres versions de rillettes tout aussi appréciables. Présentées et mises en scène directement dans une jolie boîte de thon, ces rillettes seront du plus bel effet sur votre table.

Patates douces à l'ail

Préparation : 15 minutes • Cuisson : 1 h 25 • Difficulté : ★ Budget : ★

Pour 4 personnes

- 5 gousses d'ail
- 1 kg de patates douces
- 1 cuil. à soupe d'huile d'arachide
- 25 cl de lait de coco
- Sel et poivre

Dans une cocotte, faites revenir rapidement l'ail et les patates douces coupées en cubes dans l'huile chaude.

Mouillez avec de l'eau (sans toutefois couvrir les légumes) et ajoutez le lait de coco. Salez et poivrez.

Laissez cuire sur feu moyen 20 minutes puis mixez.

Remplissez les bocaux avec la purée et stérilisez pendant 1 heure.

Petits pois-carottes

Préparation : 30 minutes • Cuisson : 1 h 30 • Difficulté : ★ Budget : ★

Pour 4 personnes

- 1 kg de petits pois
- 1 botte de carottes fanes
- Sel

Écossez les petits pois et brossez les carottes parées.

Faites-les blanchir 10 minutes dans l'eau bouillante salée (20 g par litre). Égouttez et réservez le jus de cuisson au chaud.

Répartissez les carottes et les petits pois dans les bocaux. Arrosez de saumure chaude.

Fermez hermétiquement et stérilisez pendant 1 h 20.

Conseil : si les carottes sont trop grosses, coupez-les plusieurs fois dans le sens de la longueur avant la cuisson.

Piments à l'huile

Préparation : 10 minutes • Cuisson : 5 minutes • Difficulté : ★ Budget : ★

Pour 4 personnes

- 2 piments rouges
- 2 piments verts
- 1 piment oiseau
- 1 cuil. à soupe de mélange cinq baies
- 1 l d'huile d'olive

Lavez les piments entiers puis plongez-les 5 minutes dans l'eau bouillante. Refroidissez, égouttez et réservez.

Émincez finement les piments épépinés et répartissez dans les bocaux.

Répartissez les piments dans les bocaux. Parsemez des baies et couvrez d'huile d'olive.

Fermez hermétiquement et conservez dans un endroit frais et sec.

Piperade à l'ail

Préparation : 30 minutes • Cuisson : 1 h 40 • Difficulté : ★ Budget : ★

Pour 4 personnes

- 700 g de tomates
- 2 poivrons rouges
- 3 cuil. à soupe d'huile d'olive
- 4 gousses d'ail
- Sel et poivre

Pelez et épépinez les tomates et les poivrons. Coupez-les en lamelles fines. Faites chauffer l'huile dans une grande sauteuse. Quand l'huile est chaude, faites revenir les tomates et les poivrons sur feu moyen.

Salez et poivrez. Ajoutez les gousses d'ail pressées.

Versez un verre d'eau, couvrez et laissez cuire doucement pendant 30 minutes.

Remplissez les bocaux avec la piperade et stérilisez pendant 1 heure.

Piperade au basilic

Préparation : 20 minutes • Cuisson : 1 h 40 • Difficulté : ★ Budget : ★

Pour 4 personnes

- 700 g de tomates
- 2 poivrons rouges
- 1 bouquet de basilic
- 3 cuil. à soupe d'huile d'olive
- 3 gousses d'ail
- Sel et poivre

Pelez les tomates et les poivrons à vif puis coupez-les en lanières.

Effeuillez le basilic et ciselez-le assez finement.

Faites revenir les tomates et les poivrons sur feu vif dans l'huile chaude pendant 10 minutes. Remuez sans cesse.

Baissez le feu, ajoutez un verre d'eau, les gousses d'ail écrasées, salez et poivrez et poursuivez la cuisson 30 minutes sur feu doux.

Ajoutez le basilic 5 minutes avant la fin de cuisson. Remuez bien.

Remplissez les bocaux avec la préparation puis stérilisez 1 heure.

Conseil : quand vous dégusterez votre piperade, cassez et incorporez des œufs frais au moment de la faire réchauffer. Vous aurez ainsi un plat complet et savoureux.

Poêlée de printemps

Préparation : 30 minutes • Cuisson : 15 minutes • Difficulté : ★ Budget : ★

Pour 4 personnes

- 400 g de petits pois
- 1 botte de carottes fanes
- 1 botte d'oignons nouveaux
- 1 botte d'asperges vertes
- 3 cuil. à soupe d'huile d'olive
- Sel et poivre

Parez les légumes et coupez-les en bâtonnets de calibre équivalent.

Faites chauffer l'huile dans le wok.

Quand l'huile est chaude, jetez les légumes et laissez cuire 15 minutes sans cesser de remuer.

Salez et poivrez. Versez dans des bocaux ou des boîtes en aluminium, laissez totalement refroidir et conservez au congélateur.

Poireaux au naturel

Préparation : 20 minutes • Cuisson : 2 heures • Difficulté : ★ Budget : ★

Pour 4 personnes

- 2 kg de poireaux
- Sel

Nettoyez soigneusement les poireaux et coupez le tronc et le vert.

Ficelez les blancs en les choisissant de diamètres équivalents.

Faites blanchir 10 minutes dans une eau bouillante salée (20 g par litre). Égouttez et conservez l'eau de cuisson.

Enlevez les ficelles et disposez les poireaux dans les bocaux. Arrosez de saumure en laissant 2 cm en haut.

Fermez et stérilisez pendant 1 h 50.

Conseil : ne jetez pas le vert des poireaux, ils sont parfaits pour confectionner une soupe.

Purée gourmande

Préparation : 20 minutes • Cuisson : 1 h 20 • Difficulté : ★ Budget : ★

Pour 4 personnes

- 500 g de potimarron
- 2 panais
- 3 topinambours
- 20 cl de lait de soja
- 1 cuil. à café de cumin en poudre
- 2 cuil. à soupe d'huile de noisette
- Sel et poivre

Épluchez les légumes et coupez-les en gros dés.

Mettez-les dans une casserole et ajoutez le lait de soja, le cumin, le sel et le poivre. Couvrez d'eau.

Démarrez la cuisson à froid et laissez mijoter 20 minutes à petits bouillons.

Passez au presse-purée, ajoutez l'huile de noisette, mettez en bocaux et stérilisez pendant 1 heure.

Conseil : vous pouvez adapter cette recette avec les légumes-racines que produit votre potager.

Velouté de persil

Préparation : 15 minutes • Cuisson : 1 heure • Difficulté : ★ Budget : ★

Pour 4 personnes

- 2 pommes de terre
- 1 cube de bouillon de poule
- 2 bottes de persil
- Sel et poivre

Épluchez les pommes de terre et coupez-les en morceaux. Faites-les cuire 10 minutes dans l'eau bouillante avec le cube de bouillon.

Ajoutez le persil grossièrement coupé, salez et poivrez et poursuivez la cuisson 5 minutes.

Mixez la soupe au mixeur plongeant et versez aussitôt dans les bocaux. Fermez hermétiquement et stérilisez pendant 45 minutes.

Velouté de petits pois à la menthe

Préparation : 20 minutes • Cuisson : 1 h 20 • Difficulté : ★ Budget : ★

Pour 4 personnes

- 1 kg de petits pois
- 2 oignons
- 1 cuil. à soupe d'huile d'olive
- 3 feuilles de menthe
- 1 l de bouillon de poule
- Sel et poivre

Écossez les petits pois et réservez.

Émincez les oignons et faites-les revenir dans l'huile.

Ajoutez les petits pois et les feuilles de menthe et remuez.

Mouillez avec le bouillon, salez et poivrez et laissez cuire à petits bouillons pendant 20 minutes.

Mixez au bras à soupe puis passez au chinois.

Versez dans les bocaux et stérilisez pendant 1 heure.

Velouté de pois cassés

Préparation : 10 minutes • Cuisson : 1 h 35 • Difficulté : ★ Budget : ★

Pour 4 personnes

- 1 oignon
- 1 cuil. à soupe d'huile d'olive
- 500 g de pois cassés
- 1 cube de bouillon de bœuf
- Sel et poivre

Émincez finement l'oignon et faites-les revenir 5 minutes dans une cocotte avec l'huile.

Ajoutez les pois cassés, remuez et couvrez avec le bouillon de bœuf. Salez peu et poivrez généreusement.

Laissez cuire à petits bouillons pendant 30 minutes. Salez et poivrez en fin de cuisson.

Mixez le velouté, ajoutez si nécessaire un peu d'eau et rectifiez l'assaisonnement. Versez dans les bocaux et faites stériliser pendant 1 heure.

Velouté de topinambours

Préparation : 15 minutes • Cuisson : 1 h 15 • Difficulté : ★ Budget : ★

Pour 4 personnes

- 1 kg de topinambours
- 1 cube de bouillon de légumes
- 1 cuil. à café de quatre-épices
- Sel

Brossez soigneusement les topinambours et coupez-les en petits morceaux.

Faites cuire les topinambours dans 2 litres d'eau avec le cube de bouillon.

Salez et ajoutez le quatre-épices en fin de cuisson. Mixez le tout au mixeur plongeant.

Versez dans des bocaux, fermez hermétiquement et stérilisez pendant 1 heure.

Soupe à la tomate

Préparation : 10 minutes • Cuisson : 20 minutes • Difficulté : ★ Budget : ★

Pour 1 personne

- 1 tomate
- 1 pomme de terre
- 1 cuil. à soupe de Maïzena

Épluchez la tomate, épépinez-la et coupez-la en dés.

Épluchez et lavez la pomme de terre, coupez-la en morceaux.

Faites cuire la tomate et la pomme de terre dans une casserole d'eau bouillante pendant 20 minutes.

Mixez. Ajoutez la Maïzena diluée dans 1 cuil. à soupe d'eau et mélangez jusqu'à obtenir une texture bien homogène.

Salez et poivrez à votre convenance.

Soupe d'artichauts

Préparation : 15 minutes • Cuisson : 35 minutes • Difficulté : ★ Budget : ★

Pour 2 personnes

- 2 artichauts
- 10 g de beurre
- 2 cuil. à soupe de farine
- 40 cl de lait

Faites cuire les artichauts à la vapeur pendant 25 minutes. Épluchez-les et réservez uniquement le fond.

Dans une casserole, faites fondre le beurre puis ajoutez la farine. Délayez jusqu'à obtenir un mélange lisse et homogène. Versez alors la moitié du lait et laissez cuire pendant 5 minutes à feu doux en remuant sans cesse pour épaissir la sauce.

Mixez le fond d'artichaut avec la sauce et le reste de lait.

Salez et poivrez à votre convenance.

Soupe de chou-fleur

Préparation : 10 minutes • Cuisson : 25 minutes • Difficulté : ★ Budget : ★

Pour 2 personnes

- 100 g de chou-fleur
- 1 cuil. à café d'huile d'olive
- 25 cl de bouillon de volaille
- 1 petit-suisse
- ½ cuil. à café de noix de muscade en poudre

Lavez soigneusement le chou-fleur et coupez-le en morceaux.

Faites-les revenir dans une casserole avec l'huile d'olive pendant 5 minutes.

Versez alors le bouillon de volaille et laissez cuire à couvert pendant 20 minutes.

Ajoutez ensuite le petit-suisse et la noix de muscade et mixez jusqu'à obtenir la consistance souhaitée.

Salez et poivrez à votre convenance.

Soupe de potiron

Préparation : 20 minutes • Cuisson : 1 h 40 • Difficulté : ★ Budget : ★

Pour 4 personnes

- 2 pommes de terre
- 1 potiron
- 1 l de bouillon de légumes
- Piment d'Espelette en poudre
- Sel

Pelez et coupez les pommes de terre en cubes.

Pelez, évidez et coupez le potiron en cubes.

Mettez les légumes dans une cocotte, couvrez avec le bouillon de légumes, salez et saupoudrez d'une pincée de piment d'Espelette. Laissez cuire à petits bouillons pendant 40 minutes.

Mixez au bras à soupe et versez dans les bocaux ou les bouteilles. Stérilisez pendant 1 heure.

Chutney de dattes à la cannelle

Préparation : 20 minutes • Repos : 24 heures • Cuisson : 40 minutes • Difficulté : ★ Budget : ★

Pour 4 personnes

- 1 kg de dattes séchées
- 1 l de vinaigre blanc
- 600 g de sucre
- 1 bâton de cannelle

Coupez les dattes en morceaux. Disposez-les dans un plat.

Faites macérer les dattes 24 heures avec le vinaigre, le sucre et la cannelle, dans un récipient recouvert d'un film alimentaire.

Le lendemain, versez le contenu du plat dans une casserole et laissez cuire 40 minutes sur feu moyen.

Remplissez les bocaux, fermez-les et retournez-les.

Chutney de figues aux noisettes

Préparation : 20 minutes • Cuisson : 40 minutes • Difficulté : ★ Budget : ★

Pour 4 personnes

- 1 kg de figues
- 200 g de noisettes mondées
- 1 l de vinaigre blanc
- 600 g de sucre

Coupez les figues lavées en morceaux.

Concassez grossièrement les noisettes au pilon. Réservez.

Portez à ébullition le mélange vinaigre et sucre puis ajoutez-y les figues et les noisettes.

Laissez réduire pendant 30 minutes en remuant très régulièrement.

Remplissez les pots et fermez hermétiquement. Retournez les pots jusqu'à refroidissement.

Conseil : quand vous plongez les fruits, le vinaigre doit avoir une consistance sirupeuse. Maintenez l'ébullition un peu plus longtemps si la consistance n'est pas bonne.

Chutney de raisins noir et blanc

Préparation : 20 minutes • Repos : 24 heures • Cuisson : 40 minutes • Difficulté : ★ Budget : ★

Pour 4 personnes

- 500 g de raisins blancs
- 500 g de raisins noirs
- 75 cl de vinaigre de cidre
- 500 g de sucre

Égrainez les raisins et rincez-les.

Faites-les macérer 24 heures avec le vinaigre de vin et le sucre.

Après macération, laissez cuire sur feu moyen 40 minutes en remuant très régulièrement.

Versez dans des bocaux stérilisés et fermez hermétiquement. Retournez puis conservez dans un endroit sec.

Conseil : pour un résultat plus doux, vous pouvez réaliser cette recette avec moitié de vinaigre et moitié de vin doux.

Citrons confits

Préparation : 20 minutes • Cuisson : 5 minutes • Difficulté : ★★ Budget : ★

Pour 4 personnes

- 1 kg de citrons
- Gros sel

Lavez soigneusement les citrons. Pressez-en un et réservez le jus.

Entaillez la peau des citrons dans le sens de la longueur sans aller jusqu'aux extrémités.

Délicatement, insérez du gros sel dans cette entaille. Refermez.

Portez à ébullition 1 litre d'eau avec le jus de citron.

Disposez les citrons dans des bocaux stérilisés. Arrosez de liquide chaud.

Chassez l'air, fermez hermétiquement et entreposez dans un endroit frais et sec.

Conseil : les citrons seront prêts en 3 ou 4 semaines mais pensez à vérifier le niveau de liquide entre-temps et à en ajouter si besoin.

Compote d'abricots à la cassonade

Préparation : 15 minutes • Cuisson : 1 h 05 • Difficulté : ★ Budget : ★

Pour 4 personnes

- 1 kg d'abricots
- 200 g de cassonade
- 10 cl de jus de citron

Lavez et dénoyautez les abricots. Coupez-les en morceaux.

Versez dans une casserole. Ajoutez la cassonade, le jus de citron et 1 cuil. à soupe d'eau.

Laissez cuire la compote pendant 20 minutes sur feu moyen en remuant régulièrement.

Remplissez les pots et stérilisez 45 minutes.

Conseil : la cassonade adoucit l'abricot, cette compote paraît donc plus sucrée qu'avec du sucre traditionnel mais elle ne l'est pas pour autant.

Compote de mirabelles et cerises

Préparation : 20 minutes • Cuisson : 1 h 15 • Difficulté : ★ Budget : ★★

Pour 4 personnes

- 500 g de mirabelles
- 500 g de cerises
- 200 g de sucre

Dénoyautez les fruits lavés et coupez-les en morceaux.

Mettez les fruits dans une casserole, incorporez le sucre et 3 cuil. à soupe d'eau, mélangez.

Laissez cuire 30 minutes sur feu moyen.

Versez dans des bocaux et stérilisez 45 minutes.

Compote de pommes et bananes

Préparation : 10 minutes • Cuisson : 1 h 15 • Difficulté : ★ Budget : ★

Pour 4 personnes

- 6 pommes
- 3 bananes
- 150 g de sucre
- 10 cl de rhum

Pelez et épépinez les pommes. Coupez-les en morceaux.

Pelez les bananes et coupez-les en rondelles.

Faites cuire les pommes et les bananes avec le sucre, le rhum et 1 cuil. à soupe d'eau pendant 30 minutes sur feu doux. Remuez régulièrement.

Versez dans des pots et stérilisez pendant 45 minutes.

Conseil : cette recette permet d'utiliser les bananes un peu mûres. Enlevez néanmoins les parties gâtées.

Confiture d'agrumes

Préparation : 30 minutes • Repos : 2 heures • Cuisson : 25 minutes • Difficulté : ★ Budget : ★

Pour 4 personnes

- 2 oranges
- 1 pamplemousse (chinois)
- 2 cuil. à soupe de sucre gélifiant à confiture
- 10 cl de jus d'orange
- 1 g d'agar-agar

Pelez les oranges à vif, dégagez les quartiers et récupérez le jus.

Épluchez le pamplemousse et récupérez les quartiers.

Dans une casserole mettez le tout à cuire à petit feu pendant 20 minutes avec le sucre et le jus d'orange.

Ajoutez l'agar-agar et laissez frémir 2 minutes en remuant sans cesse.

Remplissez le pot à confiture et laissez reposer 2 heures au frais.

Conseil : attention à ne pas mettre trop d'agar-agar dans cette recette, la confiture ne doit pas figer, elle doit rester souple.

Confiture de figues blanches

Préparation : 20 minutes • Cuisson : 40 minutes • Difficulté : ★ Budget : ★

Pour 4 personnes

- 1 kg de figues
- 15 cl de jus de citron
- 750 g de sucre gélifiant à confiture
- 1 cuil. à soupe de cannelle en poudre

Coupez les queues des figues lavées et coupez-les en morceaux.

Dans un plat, mélangez les figues avec le jus de citron.

Mettez les figues, le sucre et la cannelle à cuire sur feu vif et poursuivez la cuisson 40 minutes en mélangeant sans cesse.

Remplissez les pots stérilisés et retournez-les.

Confiture de fraises allégée

Préparation : 15 minutes • Repos : 2 heures • Cuisson : 20 minutes • Difficulté : ★ Budget : ★

Pour 3 pots

- 800 g de fraises
- 400 g de sucre gélifiant à confiture
- 1 cuil. à café d'agar agar

Lavez les fraises, séchez et équeutez-les. Coupez-les en deux puis placez-les dans une casserole avec le sucre. Mélangez bien et laissez reposer 2 heures.

Placez la casserole sur feu doux et mettez à cuire 15 minutes en mélangeant régulièrement.

Ajoutez l'agar-agar, mélangez énergiquement et portez à ébullition 3 minutes.

Remplissez 4 pots à confiture préalablement plongés dans de l'eau bouillante (ainsi que les couvercles), fermez-les et posez-les côté couvercle pendant 10 minutes puis retournez-les.

Conseil : cette confiture contenant beaucoup moins de sucre qu'une confiture normale, elle se conserve moins longtemps, 2 mois dans un endroit sec et 15 jours une fois entamée, dans le réfrigérateur.

Confiture de châtaignes

Préparation : 15 minutes • Cuisson : 1 heure • Difficulté : ★★ Budget : ★

Pour 4 personnes

- 1 kg de châtaignes
- 1 kg de sucre
- 1 gousse de vanille

Faites cuire les châtaignes 30 minutes dans une eau bouillante après avoir enlevé la première peau.

Épluchez la seconde peau lorsque les châtaignes sont encore chaudes (il faut prendre une vingtaine de châtaignes à la fois et laisser les autres dans l'eau frémissante).

Passez les châtaignes épluchées au presse-purée. Ajoutez le sucre et un verre d'eau, ainsi que la gousse de vanille fendue.

Faites cuire comme une confiture, c'est-à-dire 20 à 30 minutes. Faites refroidir et conservez au frais.

Confiture de mûres

Préparation : 20 minutes • Cuisson : 10 minutes • Difficulté : ★ Budget : ★

Pour 6 personnes

- 1,5 kg de mûres
- 700 g de sucre
- Jus de citron

Faites bouillir 50 cl d'eau avec les mûres. Passez ensuite le liquide à la passoire pour en conserver le jus.

Ajoutez le sucre et mélangez.

Portez le mélange à ébullition pendant 10 minutes et ajoutez un filet de jus de citron.

Répartissez la confiture dans des pots, fermez et laissez refroidir.

Confiture de mûres au vin

Préparation : 10 minutes • Cuisson : 1 heure • Difficulté : ★ Budget : ★

Pour 4 personnes

- 1 kg de mûres
- 1 l de vin blanc
- 700 g de sucre

Lavez les mûres et ôtez les tiges.

Mettez les mûres à macérer dans un plat creux avec le vin et le sucre.

Faites cuire les fruits macérés avec leur jus pendant 1 heure sur feu vif en remuant régulièrement.

Versez la confiture dans des pots stérilisés et couvrez d'un papier à confiture avant de fermer.

Confiture de poires au romarin

Préparation : 15 minutes • Repos : 24 heures • Cuisson : 20 minutes • Difficulté : ★ Budget : ★

Pour 4 personnes

- 1 kg de poires
- 2 pommes
- 800 g de sucre
- 1 verre de vin blanc doux
- 2 branches de romarin

Pelez et épépinez les poires et les pommes.

Coupez les fruits en morceaux et mettez-les à macérer dans un plat creux avec le sucre, le vin et les branches de romarin.

Après 24 heures, faites cuire la confiture pendant 20 minutes. Ôtez les branches de romarin.

Mettez dans des pots et stérilisés et retournez-les. Conservez dans un endroit sec.

Confiture pomme et poire

Préparation : 15 minutes • Repos : 24 heures • Cuisson : 20 minutes • Difficulté : ★ Budget : ★

Pour 4 personnes

- 500 g de pommes
- 500 g de poires
- 2 citrons
- 700 g de sucre
- 1 gousse de vanille

Épluchez et épépinez les pommes et les poires. Coupez-les en morceaux.

Pressez les citrons. Disposez les fruits dans un plat creux, arrosez de jus de citron et saupoudrez de sucre. Ajoutez la gousse de vanille entière. Couvrez et laissez macérer 24 heures.

Faites cuire la confiture 20 minutes à feu vif en remuant tout le temps. Retirez la gousse de vanille et remplissez les pots stérilisés. Retournez-les.

Gelée de mûres

Préparation : 10 minutes • Cuisson : 15 minutes • Difficulté : ★ Budget : ★

Pour 4 personnes

- 1,5 kg de mûres
- 20 cl de jus de citron
- 1 kg de sucre gélifiant à confiture

Lavez les mûres.

Faites chauffer les mûres avec le jus de citron pendant 5 à 10 minutes, jusqu'à ce que les fruits éclatent.

Écrasez et récoltez le jus.

Portez le jus à ébullition avec le sucre. Remuez. Arrêtez la cuisson après 5 minutes.

Versez la gelée dans les pots, couvrez et entreposez dans un endroit sec.

Gelée de pommes à l'orange

Préparation : 20 minutes • Cuisson : 50 minutes • Difficulté : ★ Budget : ★

Pour 4 personnes

- 1,5 kg de pommes
- 1 kg de sucre gélifiant à confiture
- 15 cl de jus d'orange

Coupez les pommes lavées en morceaux sans les peler ni les épépiner.

Mettez dans une casserole. Couvrez d'eau et laissez cuire 30 minutes.

Passez les fruits au chinois et récoltez le jus.

Faites cuire le jus avec le sucre et le jus d'orange pendant 20 minutes.

Versez dans des pots stérilisés et couvrez d'un papier à confiture.

Gelée de raisins

Préparation : 20 minutes • Cuisson : 10 minutes • Difficulté : ★ Budget : ★

Pour 4 personnes

- 1,5 kg de raisins blancs
- 800 g de sucre gélifiant à confiture

Égrainez le raisin et passez-le à la centrifugeuse pour en récolter le jus.

Faites cuire le jus récolté avec le sucre pendant 10 minutes sur feu vif.

Versez dans les pots stérilisés et couvrez d'un papier à confiture.

Confiture de prunes

Préparation : 10 minutes • Repos : 2 heures • Cuisson : 30 minutes • Difficulté : ★ Budget : ★

Pour 4 personnes

- 1 kg de prunes
- 2 cuil. à soupe de sucre gélifiant à confiture
- 1 g d'agar agar

Lavez et dénoyautez les prunes.

Coupez-les en petits morceaux.

Dans une casserole mettre à cuire les prunes avec le sucre pendant 25 minutes sur feu doux.

Amenez à ébullition et délayez l'agar-agar puis baissez le feu et laissez cuire encore 5 minutes.

Laissez refroidir.

Réservez dans de petits pots au réfrigérateur pendant au moins 2 heures.

Pâte à tartiner

Préparation : 20 minutes • Cuisson : 5 minutes • Difficulté : ★ Budget : ★

Pour 1 pot

- 50 g de noisettes
- 2 cuil. à soupe d'huile de noisette
- 100 g de confiture de lait
- 50 g de chocolat noir
- 50 g de chocolat au lait

Mixez finement les noisettes, puis ajoutez l'huile et mixez jusqu'à l'obtention d'une pâte. Mélangez cette pâte à la confiture de lait.

Au bain-marie, faites fondre les deux chocolats et lorsqu'ils sont parfaitement fondus, ajoutez-les au précédent mélange. Mélangez afin d'obtenir une pâte homogène.

Versez-la dans un bocal, fermez-le bien et conservez-le dans un endroit tempéré frais mais évitez le réfrigérateur sinon la pâte sera difficile à étaler.

Conseil : vous pouvez utiliser de la pâte de noisette directement, en vente dans les épiceries bio.

Pâte aux spéculoos

Préparation : 15 minutes • Cuisson : 5 minutes • Difficulté : ★ Budget : ★

Pour 1 pot

- 200 g de spéculoos
- 50 g de beurre
- 9 cl de lait
- 60 g de sirop de glucose
- 100 g de chocolat blanc

Réduisez les spéculoos en poudre à l'aide d'un mixeur, puis ajoutez le beurre en pommade et mélangez bien.

Dans une casserole, faites chauffer le lait et le sirop de glucose, puis versez le lait bouillant sur le chocolat blanc. Remuez jusqu'à l'obtention d'un mélange homogène.

Ajoutez ce mélange aux spéculoos et remuez bien.

Versez dans un pot en verre propre, fermez-le et laissez-le refroidir à température ambiante. Une fois refroidie, vous pouvez conserver la pâte pendant 3 semaines au réfrigérateur.

Purée de pommes

Préparation : 20 minutes • Repos : 12 heures • Cuisson : 30 minutes • Difficulté : ★ Budget : ★

Pour 4 personnes

- 1 kg de pommes
- 2 citrons
- 700 g de sucre

Disposez les pommes dans un plat et arrosez de jus de citron. Remuez bien.

Saupoudrez de sucre. Couvrez et laissez macérer 12 heures.

Faites cuire 30 minutes sur feu vif en remuant tout le temps.

Remplissez les pots stérilisés et retournez-les.

Conseil : vous pouvez réaliser cette recette avec n'importe quelle variété de pomme. La consistance varie en fonction de la jutosité des fruits.

Yaourt aux fruits frais

Préparation : 10 minutes • Repos : 4 heures • Cuisson : 10 heures • Difficulté : ★ Budget : ★

Pour 8 yaourts

- 150 g de framboises (ou d'autres fuits)
- 1 l de lait entier
- 1 yaourt nature (ou un sachet de ferment lactique à diluer)
- 5 cuil. à soupe de sucre de canne
- 4 cuil. à soupe de lait en poudre

Nettoyez les fruits et répartissez-les dans les pots. Portez le lait à ébullition puis laissez refroidir à 40 °C.

Fouettez le yaourt avec le sucre puis ajoutez le lait en poudre et le lait tiède.

Mélangez bien et répartissez dans les pots.

Placez les pots dans la yaourtière pendant 10 heures sans les couvercles. Puis fermez-les et laissez-les reposer 4 heures au frais au minimum.

Conseil : les fruits ont tendance à remonter, il suffit de bien mélanger votre yaourt avant de le déguster.

Yaourt café crème

Préparation : 10 minutes • Repos : 4 heures • Cuisson : 10 heures • Difficulté : ★ Budget : ★

Pour 8 yaourts

- 80 cl de lait entier
- 4 cuil. à soupe de café soluble
- 1 yaourt nature (ou 1 sachet de ferment lactique à diluer)
- 20 cl de lait concentré sucré
- 4 cuil. à soupe de lait en poudre
- 3 cuil. à soupe de sucre

Portez le lait entier à ébullition, ajoutez le café soluble puis laissez refroidir à 40 °C. Fouettez le yaourt avec le lait concentré, le lait en poudre, le sucre puis le lait tiède.

Mélangez bien et répartissez dans les pots.

Placez les pots dans la yaourtière pendant 10 heures sans les couvercles. Puis fermez-les et laissez-les reposer 4 heures au frais au minimum.

Yaount façon tatin

Préparation : 20 minutes • Repos : 4 heures • Cuisson : 10 heures • Difficulté : ★ Budget : ★★

Pour 8 yaourts

- 3 pommes
- 20 g de beurre
- 2 sachets de sucre vanillé
- 1 l de lait entier
- 1 yaourt nature
- 4 cuil. à soupe de sucre
- 4 cuil. à soupe de lait en poudre

Épluchez les pommes, coupez-les en dés et faites-les dorer dans le beurre. Puis ajoutez le sucre vanillé pour les faire caraméliser. Laissez refroidir et placez-les au fond des pots.

Portez le lait à ébullition puis laissez refroidir à 40 °C. Fouettez le yaourt avec le sucre, ajoutez le lait en poudre et le lait tiède.

Mélangez bien et répartissez dans les pots.

Placez les pots dans la yaourtière pendant 10 heures sans les couvercles. Puis fermez-les et laissez-les reposer 4 heures au frais au minimum.

Yaourt miel-amande

Préparation : 10 minutes • Repos : 4 heures • Cuisson : 10 h 10 • Difficulté : ★ Budget : ★★

Pour 8 yaourts

- 1 l de lait entier
- 3 cuil. à soupe de poudre d'amandes
- 1 yaourt nature (ou 1 sachet de ferment lactique à diluer)
- 4 cuil. à soupe de lait en poudre
- 4 cuil. à soupe de miel

Portez le lait à ébullition avec la poudre d'amandes et laissez refroidir à 40 °C. Fouettez le yaourt avec le lait en poudre, le miel puis ajoutez le lait tiède.

Mélangez bien et répartissez dans les pots.

Placez les pots dans la yaourtière pendant 10 heures sans les couvercles. Puis fermez-les et laissez-les reposer 4 heures au frais minimum.

Chutney de dattes et abricots

Préparation : 20 minutes • Repos : 24 heures • Cuisson : 30 minutes • Difficulté : ★ Budget : ★

Pour 4 personnes

- 500 g de dattes séchées
- 500 g d'abricots secs
- 500 g de sucre
- 1 l de vinaigre blanc

Lavez les dattes, dénoyautez-les et coupez-les en morceaux.

Faites de même avec les abricots.

Faites macérer les fruits dans un plat avec le sucre et le vinaigre blanc.

Après macération, faites cuire l'ensemble pendant 30 minutes sur feu moyen.

Remplissez les bocaux, fermez et retournez.

Chutney de figues aux amandes

Préparation : 20 minutes • Cuisson : 40 minutes • Difficulté : ★ Budget : ★

Pour 4 personnes

- 1 kg de figues
- 1 l de vinaigre blanc
- 700 g de sucre
- 200 g d'amandes mondées

Coupez les figues lavées en morceaux.

Portez à ébullition le vinaigre et le sucre. Plongez les figues aux premiers bouillons et faites cuire 30 minutes.

Ajoutez les amandes 5 minutes avant la fin de la cuisson. Mélangez.

Versez dans des pots et retournez-les jusqu'à ce que le chutney soit froid.

Compote coing et poire

Préparation : 10 minutes • Cuisson : 25 minutes • Difficulté : ★ Budget : ★

Pour 1 personne

- 1 poire
- 1 coing

Épluchez et lavez la poire et le coing, ôtez les pépins.

Coupez les fruits en morceaux et faites-les cuire pendant 25 minutes à l'eau bouillante.

Mixez les morceaux de fruits avec l'eau de cuisson.

Compote de pommes et coings

Préparation : 15 minutes • Cuisson : 1 h 15 • Difficulté : ★ Budget : ★

Pour 4 personnes

- 500 g de pommes
- 500 g de coings
- 10 cl de jus de citron
- 200 g de sucre
- 1 sachet de sucre vanillé

Pelez les pommes, épluchez les coings.

Épépinez les fruits et coupez-les en morceaux. Arrosez-les de jus de citron.

Faites cuire les morceaux de fruits avec le sucre, le sucre vanillé et 3 cuil. à soupe d'eau sur feu moyen pendant 30 minutes.

Versez la compote dans des bocaux et stérilisez pendant 45 minutes.

Compote de pommes et poires

Préparation : 20 minutes • Cuisson : 1 heure • Difficulté : ★ Budget : ★

Pour 4 personnes

- 500 g de pommes
- 500 g de poires
- 200 g de sucre

Pelez et épépinez les pommes et les poires. Coupez-les en morceaux.

Dans une casserole, faites cuire les fruits coupés avec le sucre et 3 cuil. à soupe d'eau pendant 30 minutes. Remuez régulièrement pendant la cuisson.

Remplissez les pots de compote cuite et stérilisez pendant 30 minutes.

Compote de pommes et prunes

Préparation : 15 minutes • Cuisson : 1 h 15 • Difficulté : ★ Budget : ★

Pour 4 personnes

- 500 g de pommes
- 500 g de prunes
- 150 g de sucre
- 1 bâton de cannelle

Pelez les pommes et épépinez-les. Dénoyautez les prunes.

Coupez les fruits en morceaux.

Dans une casserole, déposez les morceaux de pommes et de prunes avec le sucre et 2 cuil. à soupe d'eau. Enfoncez le bâton de cannelle dans les fruits.

Faites cuire 30 minutes sur feu doux en remuant sans arrêt.

Remplissez les bocaux et faites stériliser 45 minutes.

Compote de prunes aux zestes d'orange

Préparation : 20 minutes • Cuisson : 1 h 30 • Difficulté : ★ Budget : ★

Pour 4 personnes

- 1 kg de prunes
- 2 oranges (non traitées)
- 250 g de sucre

Dénoyautez les prunes lavées et coupez-les en morceaux.

Prélevez les zestes de 2 oranges. Taillez-les et blanchissez-les 5 minutes à l'eau bouillante. Refroidissez et réservez.

Pressez les oranges. Réservez le jus.

Mettez à compoter les fruits avec le sucre, le jus d'orange et les zestes sur feu moyen pendant 30 minutes. Remplissez les bocaux et stérilisez pendant 1 heure.

Compote de rhubarbe aux raisins secs

Préparation : 30 minutes • Cuisson : 25 minutes • Difficulté : ★★ Budget : ★

Pour 4 personnes

- 80 g de raisins secs
- 1 kg de rhubarbe
- 250 g de sucre cristal
- 2 oranges
- Le jus de 2 citrons
- 4 clous de girofle

Faites tremper les raisins dans de l'eau tiède. Rincez la rhubarbe, effilez-la et coupez-la en tronçons de 1 cm, saupoudrez de 50 g de sucre, mélangez et réservez.

Pelez à vif les oranges et prélevez les quartiers en récupérant le jus. Égouttez les raisins. Dans une grande casserole, versez le restant de sucre, 15 cl d'eau, le jus des citrons et des oranges et les clous de girofle. Portez le sirop à ébullition et laissez cuire 5 minutes à frémissements.

Plongez les raisins, les quartiers d'orange et la rhubarbe égouttée dans le sirop. Laissez cuire à frémissements 20 minutes. Servez tiède.

Compote légère

Préparation : 10 minutes • Cuisson : 40 minutes • Difficulté : ★ Budget : ★

Pour 4 personnes

- 6 pommes
- 1 banane
- 2 gousses de vanille
- 12 pruneaux (dénoyautés)
- 2 cuil. à soupe de miel
- 15 cl de jus d'orange

Pelez et épépinez les pommes, puis coupez-les en morceaux avec la banane. Coupez les gousses de vanille en deux dans le sens de la longueur.

Mettez dans un petit faitout tous les ingrédients et ajoutez 20 cl d'eau. Faites cuire à feu doux en remuant souvent. Les fruits doivent se ramollir et compoter. Si besoin, ajoutez un peu d'eau.

Au bout de 40 minutes, ôtez les gousses de vanille, mixez le tout, puis laissez refroidir.

Coulis d'abricots

Préparation : 15 minutes • Cuisson : 1 h 20 • Difficulté : ★ Budget : ★★

Pour 4 personnes

- 1 kg d'abricots
- 1 sachet de sucre vanillé
- 2 cuil. à soupe de rhum

Lavez et dénoyautez les abricots. Coupez-les en morceaux.

Mettez les abricots dans une casserole et couvrez d'eau. Ajoutez le sucre vanillé et le rhum.

Laissez cuire 20 minutes, puis mixez au mixeur plongeant.

Versez dans les bocaux et stérilisez pendant 1 heure.

Coulis d'été

Préparation : 20 minutes • Cuisson : 1 h 20 • Difficulté : ★ Budget : ★

Pour 4 personnes

- 4 pêches
- 1 melon
- 150 g de sucre

Ébouillantez les pêches 2 à 3 minutes et refroidissez aussitôt. Pelez-les, dénoyautez-les et coupez-les en morceaux.

Épépinez le melon et récupérez la chair. Coupez-la en cubes.

Faites chauffer les fruits avec le sucre et un peu d'eau (à peine à couvert) pendant 15 minutes.

Mixez au blender et versez dans les bocaux.

Procédez à la stérilisation pendant 1 heure.

Granité de pruneaux

Préparation : 10 minutes • Repos : 4 heures • Difficulté : ★ Budget : ★

Pour 6 personnes

- 1 sachet de thé
- 5 cuil. à soupe de sucre roux
- 450 g de pruneaux (dénoyautés)
- 1 yaourt nature
- Cannelle en poudre

Faites bouillir 40 cl d'eau. Hors du feu, faites infuser le thé et ajoutez le sucre.

Plongez ensuite les pruneaux dans la casserole. Laissez macérer une bonne heure (les pruneaux doivent se gorger d'eau).

Après 1 heure, placez les pruneaux et leur jus dans le mixeur, ajoutez le yaourt et 1 cuil. à café de cannelle.

Placez pendant au moins 3 heures au congélateur (remuez toutes les 30 minutes). Avant de servir, coupez la glace en gros morceaux et mixez pendant quelques secondes de manière à obtenir un granité.

Compote d'abricots

Préparation : 10 minutes • Repos : 10 minutes • Cuisson : 20 minutes • Difficulté : ★ Budget : ★

Pour 1 personne

- 2 abricots
- 1 cuil. à soupe de sucre

Lavez les abricots, coupez-les en deux et dénoyautez-les. Découpez-les en morceaux.

Saupoudrez-les de sucre et laissez-les macérer pendant 10 minutes.

Faites cuire les morceaux d'abricot dans l'équivalent d'un verre d'eau, à feu doux, pendant 20 minutes.

Mixez les fruits avec l'eau de cuisson.

Compote d'automne

Préparation : 10 minutes • Cuisson : 25 minutes • Difficulté : ★ Budget : ★

Pour 2 personnes

- 1 poire
- 1 pomme
- 1 coing
- 100 g de cassonade

Pelez et épluchez les fruits, ôtez les pépins.

Coupez-les en morceaux.

Faites-les cuire pendant 25 minutes à l'eau bouillante.

Ajoutez la cassonade et mixez avec l'eau de cuisson.

Compote de melon

Préparation : 15 minutes • Cuisson : 10 minutes • Repos : 1 heure • Difficulté : ★ Budget : ★

Pour 2 personnes

- 75 g de sucre
- 1 gousse de vanille
- 1 cuil. à café de cannelle en poudre
- 1 citron
- 1 melon

Dans une casserole d'eau bouillante, versez le sucre en poudre et la gousse de vanille fendue en 2. Ajoutez la cannelle et le jus de citron.

Épluchez le melon, ôtez les pépins et coupez-le en petits dés.

Faites-les cuire 10 minutes dans l'eau sucrée.

Ôtez la gousse de vanille et mixez le melon. Laissez refroidir.

Répartissez la compote dans 2 coupes et réservez au frais pendant 1 heure.

Compote de mirabelles

Préparation : 10 minutes • Cuisson : 20 minutes • Difficulté : ★ Budget : ★

Pour 1 personne

- 150 g de mirabelles

Lavez les mirabelles, coupez-les en deux et ôtez les noyaux.

Faites-les cuire dans un peu d'eau pendant 20 minutes, à feu doux.

Mixez-les avec l'eau de cuisson.

Purée de fruits rouges

Préparation : 20 minutes • Repos : 12 heures • Cuisson : 20 minutes • Difficulté : ★ Budget : ★

Pour 4 personnes

- 500 g de fraises
- 500 g de framboises
- 500 g de cerises
- 10 cl de jus de citron
- 1 kg de sucre

Équeutez les fraises et les framboises et coupez-les en morceaux.

Dénoyautez les cerises et coupez-les en deux.

Mettez tous les fruits dans un plat creux. Arrosez avec le jus de citron. Ajoutez le sucre. Couvrez et laissez mariner 12 heures.

Faites cuire les fruits marinés pendant 20 minutes.

Versez dans les pots stérilisés et retournez.

Purée de mirabelles

Préparation : 20 minutes • Repos : 24 heures • Cuisson : 20 minutes • Difficulté : ★ Budget : ★

Pour 4 personnes

- 1 kg de mirabelles
- 700 g de sucre

Lavez et dénoyautez les mirabelles.

Coupez-les en morceaux et disposez dans un plat creux.

Ajoutez le sucre, couvrez et laissez macérer 12 à 24 heures.

Quand le mélange a bien macéré, faites cuire 20 minutes sur feu vif en remuant sans cesse.

Remplissez des pots stérilisés et retournez-les.

Purée de rhubarbe

Préparation : 20 minutes • Repos : 12 heures • Cuisson : 20 minutes • Difficulté : ★ Budget : ★

Pour 4 personnes

- 1 kg de rhubarbe
- 700 g de sucre
- 10 cl de rhum

Épluchez la rhubarbe et coupez-la en tronçons réguliers.

Mettez les morceaux à mariner avec le sucre et le verre de rhum.

Couvrez et laissez reposer 12 heures.

Après macération, faites cuire les fruits avec la marinade pendant 20 minutes sur feu vif en remuant sans cesse.

Remplissez les pots stérilisés et retournez-les jusqu'à ce que la confiture soit froide.

Reines-claudes à l'alcool

Préparation : 15 minutes • Cuisson : 15 minutes • Difficulté : ★★ Budget : ★

Pour 4 personnes

- 1 kg de reines-claudes
- 200 g de sucre
- 1 l d'alcool à 45 °C

Lavez et essuyez les reines-claudes.

Confectionnez un sirop avec le sucre et 10 cl d'eau. Quand le sirop est bien sirupeux, plongez-y les reines-claudes une par une et enrobez-les de sucre. Laissez refroidir sur un papier sulfurisé.

Répartissez les reines-claudes pelliculées dans les bocaux. Couvrez d'alcool et fermez hermétiquement.

Conservez dans un endroit frais et sec pendant 3 mois avant de consommer.